**Bibliographic information published by the German National Library:**

The German National Library lists this publication in the National Bibliography; detailed bibliographic data are available on the Internet at http://dnb.dnb.de .



**Imprint:**

Copyright © 2009 GRIN Verlag, Open Publishing GmbH
Print and binding: Books on Demand GmbH, Norderstedt Germany
ISBN: 9783640692293

**This book at GRIN:**

http://www.grin.com/es/e-book/154836/como-ha-contribuido-la-influencia-de-los-ee-uu-en-el-desarrollo-de-chile

**Birgit Wilpers**

# ¿Cómo ha contribuido la influencia de los EE.UU. en el desarrollo de Chile?

GRIN Publishing

University of Ulster
Faculty of Arts
Spanish
Module SPA504: Spanish 6

---

**Trabajo escrito:**

# ¿Cómo ha contribuido la influencia de los EE.UU. en el desarrollo de Chile?

Birgit Wilpers

Índice

1. Introducción ....................................................................................3
2. La economía ...................................................................................3
   2.1 El cobre......................................................................................3
   2.2 Las corporaciones multinacionales ...........................................4
   2.3  Los "Chicago Boys" .................................................................5
3. Las Fuerzas Armadas.......................................................................5
4. La política .......................................................................................7
   4.1 La política de 1945 a 1970.........................................................7
      4.1.1  La Alianza para el Progreso................................................7
      4.1.2  Apoyo estadounidense – US AID ........................................7
   4.2 Desestabilización de la administración Allende – el golpe.........8
5. Conclusión ....................................................................................10
Bibliografía......................................................................................11

# 1. Introducción

Se podría opinar que un país pequeño como Chile no juega un papel importante dentro del marco de la política extranjera de una gran potencia que son los EE.UU. En general, esto es verdad, pero habían ocasiones en la historia de Chile cuando los EE.UU. determinaron decisivamente el destino del país por muchos años siguientes.

En este trabajo voy a concentrarme en aquellas ocasiones, es decir, la política en el período de los años sesenta y a los principios de los años setenta. Además, quisiera procurar una sinopsis de la influencia de los EE.UU. en el sector económico y militar de Chile.

# 2. La economía

## 2.1 El cobre

Desde hace muchos años la economía de Chile se ha fundado en dos factores: la agricultura y la minería. Uno de los recursos naturales más importantes es el cobre. Los chilenos han explotado el cobre principalmente para el mercado internacional y así han ganado y todavía ganan divisas extranjeras. Se puede afirmar que el cobre es el motor fundamental y la fuente de ingresos para la economía chilena. Por lo tanto, han surgido frecuentemente discusiones sobre la llamada chilenización, la nacionalización o el derecho de la propiedad extranjera de las minas. "Hasta entonces [1971] la explotación y la transformación del cobre estaban controladas por dos grandes empresas norteamericanas: La Anaconda Copper Company y la Kennecott Copper Company." (López, 86).

En los años sesenta Eduardo Frei de la Democracia Cristiana intentó realizar la chilenización del cobre, o sea, que "[…] el Estado se convertía en socio de las compañías mineras, […]. A su vez, las compañías mineras se comprometían a invertir en la modernización del sector." (Malamud, 123). Aunque Frei pudo alcanzar este objetivo en cierto modo – Anaconda se convertía en propiedad estatal de un 25 % y Kennecott de un 51 % - no tuvo éxito a largo plazo porque las compañías extranjeras habían determinado con astucia los contratos con el gobierno con el resultado de que recibieron la parte mayor de los ingresos (cf. Skidmore, 133-134).

Junto con la reforma agraria la nacionalización del cobre era muchas veces el tema principal de las luchas electorales. La nacionalización sin compensación fue también un punto del programa de Salvador Allende y "[…] fue aprobado en el Congreso [chileno] por una mayoría abrumadora [en 1971]" (Malamud, 125). Se puede imaginarse que esta medida no recibió aplauso en los EE.UU., los mayores inversores y propietarios de las minas. En el año 1970, Chile fue casi totalmente dependiente de ingresos extranjeros de un producto: del cobre. Las corporaciones estadounidenses controlaron la producción de un 80 % del cobre chileno que ascendió a cuatro quintos de los ingresos chilenos logrados por exportaciones (cf. Covert Action in Chile, 32). Naturalmente, los EE.UU. estaban muy preocupados de la nacionalización inminente y consideraban a esta política como una amenaza contra sus propios intereses.

## 2.2 Las corporaciones multinacionales

Aparte de las minerías estadounidenses existen también otras corporaciones que todavía tienen mucha influencia en la economía chilena. Se trata de compañías multinacionales que entonces estaban en manos estadounidenses. El objetivo principal de estas compañías es – por supuesto – el beneficio financiero y por eso necesitan una estable situación política en la cual se puede calcular la reacción del gobierno – sea un gobierno militar, una dictadura o una democracia. Estas condiciones se encontraban durante muchos años en Chile, pero cuando Allende asumió el poder las compañías se veían amenazadas por expropiación.

El ejemplo clásico en este contexto es la compañía ITT (International Telephone and Telegraph) que debía jugar un papel importante en la ayuda finaciera para el golpe militar en Chile. "El ex-jefe de la CIA, John McCone, uno de los directivos de la ITT [...] admitió que si el gobierno de Estados Unidos tenía un plan para impedir la asunción de Allende, sería ayudado por la compañía." (López, 89-90).

Hay que explicar que las empresas extranjeras fueron con preferencia el objeto de nacionalizaciones debido a un anti-imperialismo y una actitud de anti-americanismo en América Latina que se había extendido desde hace muchos años por todo el continente (cf. Skidmore, 136).

Es imprescindible de hacer una distinción clara entre actividades del gobierno estadounidense y corporaciones multinacionales. Sin embargo, en el caso del golpe militar en Chile colaboraron de cierta manera porque tenían intereses comunes.

## 2.3 *Los "Chicago Boys"*

La economía bajo Pinochet dio una vuelta radical en comparación con la política económica de Allende. En primer lugar, el gobierno militar deshizo casi todas las nacionalizaciones. Se tomó un rumbo económico basado en las teorías "[...] del neoliberalismo y del monetarismo y en el control de la misma [la economía] por los «Chicago boys» los discípulos de Milton Friedman." (Malamud, 129). Los dogmas de esta teoría son la industrialización como única vía de desarrollo, los recortes en los gastos públicos y sociales, la reducción de la inflación, la privatización de empresas, la atracción de inversión extranjera y la abolición de control de precios. Se podría resumir esta política con la fórmula 'libertad total de empresas' (cf. López, 91).

La denominación "Chicago Boys" viene del hecho de que muchos de los economistas de Pinochet hubieran sido formados en la Universidad de Chicago. Juan Gabriel Valdés, el Secretario de Relaciones Exteriores chileno en los años noventa, describió la formación de cientos de economistas como un ejemplo clásico de una transacción organizada de ideología desde los EE.UU. hacia un país en su esfera directa de influencia y como un proyecto designado a influir el desarrollo del concepto económico en Chile (cf. Klein, 62).

Pinochet aun recibió a Milton Friedman en marzo de 1975 y le concedió una audiencia privada en Santiago para discutir los problemas continuos de la economía en Chile. Friedman le aconsejó al dictador el establecimiento de un mercado económico totalmente libre y un programa de austeridad más estricto (cf. Klein, 80-81). Pinochet lo realizó con consecuencias graves y inmensos costes sociales para la población: aumentó el paro, los precios de productos esenciales subieron, el sector de la educación y de la sanidad pública – en cambio – sufrió de tijeras enormes.

Una vez más, se ha dirigido la economía de Chile por teorías y prácticas estadounidenses que no siempre son razonables o ventajosas para un país latinoamericano.


# 3. Las Fuerzas Armadas

Después de la Segunda Guerra Mundial los EE.UU. tenían una posición de hegemonía en el mundo occidente. Entonces, existían dos bloques ideológicos: el hemisferio comunista y capitalista. Simultáneamente con la formación de la Guerra Fría y de la carrera de armamentos, los EE.UU. buscaron socios y apoyo en el mundo occidental para hacer frente a la amenaza comunista. Inicialmente, se estimó que la amenaza se realizara desde el exterior, es decir, de la Unión Soviética, pero en los años cincuenta y después de la revolución cubana esta opinión cambió. Los acontecimientos mostraron que habían también comunistas y socialistas en América Latina. "Para eliminar el peligro inminente de subversión comunista, a menudo se consideró necesario apoyar a las fuerzas armadas de América Latina." (traducido de Covert Action in Chile, 4).

La cooperación directa con las fuerzas armadas chilenas comenzó entre 1952 y 1954, cuando los EE.UU. firmaron contratos bilaterales de asistencia y defensa mutual con diez países latinoamericanos – entre ellos también Chile (cf. Skidmore, 374). Este contrato tuvo consecuencias considerables para el país. Chile, durante los años de la administración Alessandri, se convirtió en uno de los beneficiarios más grandes de apoyo militar estadounidense, con una parte de un 13 % de la asistencia total para la región. Al mismo tiempo, el entrenamiento de contra-insurrección aceleró [...]." (traducido de Lowenthal, 41).

Se puede decir que la cooperación militar entre Chile y los EE.UU. en los años sesenta tuvo una importancia relevante. Chile recibió apoyo financiero, entrenamiento des sus soldados y armas. Las fuerzas armadas chilenas se expusieron a condiciones dependientes de los EE.UU. Por un lado, no tuvieron que luchar por presupuestos más grandes en su propio país y a pesar de ello, su importancia en la sociedad creció. Por otro lado, la influencia de los EE.UU. subió a causa del entrenamiento externo de militares chilenos y debido a la dependencia creciente de entregas estadounidenses de piezas de recambio y munición (cf. Skidmore, 374).

Se interrumpió el apoyo militar durante los años de 1970 a 1973, de acuerdo con el bloqueo general económico de los EE.UU. contra Chile. Por otra parte, se reinstaló la ayuda financiera para Pinochet hasta el junio de 1976, cuando el Senado y el Congreso estadounidense votaron en favor de la suspensión de ventas militares hasta que el gobierno militar hiciera un progreso sustancial en cuanto a los derechos humanos (cf. Lowenthal, 42.).

# 4. La política

## *4.1 La política de 1945 a 1970*

Como ya he expuesto, la política de los EE.UU. después de la Segunda Guerra Mundial fue determinada por la Guerra Fría entre los dos bloques. Se consideró a los estados latinoamericanos como aliados en la lucha contra el comunismo, de ahí que se realizaron los tratados bilaterales de asistencia militar.  Sin embargo, Washington no estaba tan interesado en ayudar al desarrollo económico o social en América Latina. Existía la opinión popular en los años cincuenta que ya la sola presencia de compañías estadounidenses en América Latina ayudaría al progreso y sería para el beneficio de los latinoamericanos. Esta actitud de "laissez-faire" debía cambiar después de la revolución cubana. (cf. Skidmore, 372-373).

### 4.1.1 La Alianza para el Progreso

En 1961, Kennedy estableció la Alianza para el Progreso para evitar más revoluciones comunistas como en Cuba. Se pensó que existían algunas medidas esenciales para lograr este objetivo: primero, la implantación de reformas sociales para aliviar las tensiones existentes en América Latina. Segundo, la industrialización con ayuda de inversiones extranjeras y tercero, la consolidación de estabilidad interna a fines de  un progreso democrático. A pesar de que "[...] se invertirían 20.000 millones de dólares en diez años [...]" (Malamud, 41), la Alianza no tuvo éxito a largo plazo. Después de la muerte de Kennedy, el gobierno estadounidense hizo énfasis en la doctrina de la seguridad interna de los países latinoamericanos (cf. López, 33). Thomas Mann, el secretario adjunto de Estado para los asuntos latinoamericanos, dijo en 1964 "[...] que se prestara mayor atención a los intereses inmediatos de la seguridad nacional, por ejemplo, a la protección de las inversiones norteamericanas y la resistencia al comunismo." (López, 33).

### 4.1.2 Apoyo estadounidense – US AID

En los años sesenta los EE.UU. trataron de influir la política interna de Chile por ayuda financiera para el partido conveniente que estaba en concordancia con la actitud anticomunista. "Las administraciones Kennedy y Johnson habían aportado más de tres millones de dólares entre 1962 y 1964 a la campaña de Eduardo Frei [...]." (López, 89). Frei fue el candidato de la Democracia Cristiana en las elecciones presidenciales de 1964. Su programa electoral incluyó una reforma agraria y la 'chilenización del cobre', como he detallado en párrafo 2.1.

Además, los EE.UU. respaldaron al gobierno de Chile con masivas transacciones financieras para administrar un programa nacional de desarrollo. "[...] de 1962 a 1969, Chile recibió aun más de un mil millones [de dólares] en la forma de apoyo directo estadounidense, incluyendo créditos y subsidios. Chile recibió más ayuda por cabeza que cualquier otro país en el hemisferio." (traducido de Covert Action in Chile, 4). Chile debía servir como ejemplo estrellar del éxito de la Alianza para el Progreso. A corto plazo, el financiamiento extranjero sirvió para compensar el balance de pago anuario de Chile, pero a largo plazo, solamente contribuyó al endeudamiento extranjero (cf. Skidmore, 134). Las cifras de la tabla sobre el apoyo estadounidense no requieren ninguna explicación, pero obsérvese la subida rápida de ayuda militar y económica en 1974.

**TABLE II.- Foreign Aid to Chile from U.S. government agencies and International Institutions.-Total of loans and grants (in millions of dollars) --------------------------------------------------------------------**

| Fiscal year | 1953-61 | 1962 | 1963 | 1964 | 1965 | 1966 | 1967 |
|---|---|---|---|---|---|---|---|
| Total U.S. economic aid | 339.7 | 169.8 | 85.3 | 127.1 | 130.4 | 111.9 | 260.4 |
| U.S. Aid | 76.4 | 142.7 | 41.3 | 78.9 | 99.5 | 93.2 | 15.5 |
| U.S. Food for Peace | 94.2 | 6.6 | 22.0 | 26.9 | 14.2 | 14.4 | 7.9 |
| U.S. Export-Import Bank | 169.0 | 0.8 | 16.2 | 15.3 | 8.2 | 0.1 | 234.6 |
| Total U.S. Military aid | 41.8 | 17.8 | 30.6 | 9.0 | 9.9 | 10.1 | 4.1 |
| Total U.S. economic and military aid | 381.5 | 187.6 | 115.9 | 136.1 | 140.3 | 122.0 | 264.5 |

| Fiscal year | 1968 | 1969 | 1970 | 1971 | 1972 | 1973 | 1974 |
|---|---|---|---|---|---|---|---|
| Total U.S. economic aid | 97.1 | 80.8 | 29.6 | 8.6 | 7.4 | 3.8 | 9.8 |
| U.S. Aid | 57.9 | 35.5 | 18.0 | 1.5 | 1.0 | 0.8 | 5.3 |
| U.S. Food for Peace | 23.0 | 15.0 | 7.2 | 6.3 | 5.9 | 2.5 | 3.2 |
| U.S. Export-Import Bank | 14.2 | 28.7 | 3.3 | ---- | 1.6 | 3.1 | 98.1(1) |
| Total U.S. Military aid | 7.8 | 11.8 | 0.8 | 5.7 | 12.3 | 15.0 | 15.9 |
| Total U.S. economic and military aid | 104.9 | 91.8 | 30.4 | 14.3 | 21.3 | 21.9 | 123.8(2) |

**Source: U.S. Overseas Loans and Grants, Obligations and Loan Authorizations, July 1, 1945 to June 30, 1974, pp. 39, 175. Prepared by Statistics and Reports Division, Office of Financial Management, Agency for International Development** (Covert Action in Chile, 34).

## *4.2 Desestabilización de la administración Allende – el golpe*

Cuando Allende asumió el poder en 1970 se realizó una pesadilla para los EE.UU.: otro país latinoamericano en vías hacia el socialismo. A pesar de que habían intentado evitarlo por todos los medios, Allende ganó las elecciones con la Unidad Popular con un 36,2 % de los votos – una victoria bastante escasa.

Los EE.UU. trataron de dificultar la gobernación de Allende mediante varios factores:

1. una postura pública de forma 'reservado pero correcto' (cool but correct),

2. extensas actividades secretos para desestabilizar al estado,

3. creciente presión económica.

(cf. Covert Action in Chile, 26-27).

Se puede describir la política oficial de los EE.UU. como correcto. Afirmaron públicamente que no habría una intervención en los asuntos políticos de Chile. Por otro lado, Henry Kissinger declaró en una rueda de prensa en septiembre de 1970 que en el caso de una victoria electoral de Allende, él iría a establecer una forma de gobierno comunista a lo largo de unos años y que esto presentaría problemas masivos para los EE.UU. (cf. Covert Action in Chile, 27).

Por consecuencia, los EE.UU. intervinieron en la política interna de Chile por actividades secretos, por ejemplo, ayuda financiera para las fuerzas de la oposición y, más tarde, para las huelgas de los camioneros. Además, financiaron una campaña anti-Allende. Estas actividades son solamente ejemplos. Los EE.UU. realizaron un programa completo de desestabilización. En total, gastaron más de siete millones de dólares para actividades secretos en Chile desde 1970 hasta 1973 (cf. Covert Action in Chile, 27).

Otra medida muy eficiente fue el incremento de la presión económica por los EE.UU. Introdujeron un bloqueo comercial y financiero contra Chile. También, se suspendió los créditos del Banco Mundial y de todos los bancos estadounidenses. Los inversores extranjeros estuvieron inseguros por las nacionalizaciones y, por consecuencia, una mayor parte de divisas extranjeras hizo falta en la economía de Chile (cf. Skidmore, 136). El estado chileno se encontró en una situación muy difícil. Sin embargo, la población, sobre todo los trabajadores y los pobres, respaldaron a Allende.

Dentro del militar chileno el descontento creció. En este contexto se debería mencionar que los EE.UU. siguieron manteniendo sus buenas relaciones con el ejército chileno. Pero nunca había una muestra de un impulso directo de los EE.UU. para que el ejército realizara un golpe de estado. Sin embargo, Malamud explicó: "Si bien determinados golpes eran impulsados desde Washington, era muy normal que los golpistas buscaran el visto buena de la embajada norteamericana antes de que quebrar el orden institucional." (Malamud, 149).

# 5. Conclusión

Aunque no se puede hacer responsable únicamente los EE.UU. del golpe militar, es evidente que influyeron decisivamente la política interna de Chile en estos años. Especialmente sus actividades secretos fueron – en mi opinión – una intervención en un país independiente que no se puede justificar de ninguna manera. Si se solamente examina unos pocos decenios de la historia de Chile, como yo he hecho, se puede observar que la influencia de los EE.UU. es enorme y que se extiende a todos los sectores esenciales, como la economía, la política y el militar. Hay que mencionar que existen además otros sectores importantes en los cuales los EE.UU. tienen mucha influencia. Pienso en la cultura, el endeudamiento y la importancia estadounidense dentro de organizaciones como el Banco Mundial o el Fondo Monetario Internacional. También se podría examinar los tratados comerciales entre los EE.UU. y América Latina, las relaciones de Pinochet con la administración Carter y Reagan o el papel que jugaron los EE.UU. en la redemocratización de Chile. Pero estos aspectos rebasarían los límites de mi trabajo.

En resumen, se puede percibir muy claramente la influencia de los EE.UU. en Chile en un período crucial de su historia, es decir, los años de la administración Allende y el golpe militar. Estos asuntos determinaron el camino futuro de Chile por 16 años y más allá.

# Bibliografía

Klein, Naomi, *The Shock Doctrine. The Rise Of Disaster Capitalism*, Penguin Books, London, 2008.

López, Jaime Pinzón, *América Latina Militarismo 1940 – 1975*, Fundación Friedrich Naumann, Bogotá, 1983.

Lowenthal, Abraham F. (ed.), *Exporting Democracy - The United States And Latin America. Case Studies*, Johns Hopkins University Press, Baltimore, 1991.

Malamud, Carlos, *América Latina, Siglo XX. La Búsqueda de la Democracia*, Editorial Sintesis, Madrid, 1992.

Müller, Heinz Dr., Haensch, Günther Prof. Dr. (eds.), *Langenscheidts Handwörterbuch Spanisch*, Langenscheidt Verlag, Berlin, 1988.

Skidmore, Thomas E., Smith, Peter H. (eds.), *Modern Latin America*, Fourth Edition, Oxford University Press, New York, 1997.

United States Senate Report, Covert Action in Chile 1963 – 1973, Washington, 1975. FAS Intelligence Resource Program: http://www.fas.org/irp/ops/policy/church-chile.htm [consultado en 17/04/2009]

# CON GRIN SU CONOCIMIENTOS VALEN MAS

- Publicamos su trabajo académico, tesis y tesina

- Su propio eBook y libro - en todos los comercios importantes del mundo

- Cada venta le sale rentable

Ahora suba en www.GRIN.com y publique gratis